Unnützes Wissen für Besserwisser

Markus Altmaier

Inhalt

KAPITEL 1

Tierische Fakten

Eine Giraffe kann länger ohne Wasser auskommen als ein Kamel.

Flamingo-Babys werden grau geboren, nicht rosa.

Die Zunge eines Spechtes wickelt sich um sein Gehirn und schützt es so vor Schäden, wenn er gegen einen Baum hämmert.

Das Herz einer Garnele befindet sich im Kopf.

Elefanten saugen an ihrem Rüssel, um sich zu beruhigen.

Neunbindengürteltiere haben immer Vierlinge, und die sind immer identisch.

Wombatkot hat eine würfelartige Form.

Nilpferde und Pferde sind eigentlich entfernte Verwandte.

Alle Clownfische werden als Männchen geboren.

Im Vereinigten Königreich sind alle nicht gekennzeichneten Schwäne rechtlich gesehen Eigentum der Königin.

Damit sie nicht auseinanderdriften, halten sich Seeotter im Schlaf an den Händen.

Ziegen haben beim „sprechen" Akzente.

Delfine geben sich gegenseitig Namen.

Gorillas können sich mit menschlichen Erkältungen anstecken – und können diese Erreger sogar wieder umgekehrt an den Menschen abgeben.

Der Truthahn wäre beinahe anstelle des Weißkopfseeadlers zum Nationalvogel der USA ernannt.

Eine Gruppe von Eulen wird als Parlament bezeichnet.

Das Ohr einer Katze hat 32 Muskeln.

Schnecken können ihre Augen regenerieren.

Wie kann man das Geschlecht von Schildkröten erkennen? Weibliche Schildkröten zischen und männliche Schildkröten grunzen.

Ein Seestern kann seinen Magen umstülpen.

Französische Pudel stammen eigentlich aus Deutschland.

Seepferdchen bleiben ein Leben lang zusammen und man kann sie oft dabei beobachten, wie sie sich gegenseitig die Schwänze halten.

Andrew Jacksons Papagei musste von seiner Beerdigung entfernt werden,

weil er nicht aufhören wollte zu fluchen.

Faultiere können ihren Atem bis zu 40 Minuten lang anhalten.

Viele Menschen glauben, dass die ersten Sichtungen von Meerjungfrauen auf Dehydrierung und Seekühe zurückzuführen sind.

Faultiere können nicht zittern, um sich warm zu halten, und haben daher Schwierigkeiten, ihre Körpertemperatur an regnerischen Tagen zu halten.

In freier Wildbahn legen manche Rentiere in einem einzigen Jahr mehr als 3000 Meilen zurück.

Nur die Hälfte des Delfingehirns schläft, während die andere Hälfte wach bleibt.

Neben dem Menschen sind Kaiserpinguine die einzigen warmblütigen Tiere, die in der Antarktis überwintern.

Das älteste Fossil einer Spinne wurde in China gefunden. Es ist einen Zentimeter lang und 165 Millionen Jahre alt.

Das größte lebende Tier ist der Blauwal, der bis zu 33 Meter lang werden kann.

Fast 10 Prozent aller Knochen einer Katze befinden sich in ihrem Schwanz.

Im Winter wachsen den Rentieren die Haare im Gesicht so lang, dass sie ihr Maul bedecken, was ihre Schnauze beim Grasen im Schnee schützt.

Delfine wurden dabei beobachtet, wie sie ihre langen Schnauzen mit Meeresschwämmen umwickelt haben, um sie bei der

Nahrungssuche vor Schnitten zu schützen.

Die Herzen der Garnelen sind in ihren Köpfen.

Pandas fressen zwar manchmal Fische oder kleine Tiere, aber 99 % ihrer Nahrung besteht aus Bambus.

Ameisenbären haben keine Zähne.

Ein Fuchs benutzt seinen Schwanz, um mit anderen Füchsen zu kommunizieren.

Hunde haben feuchte Nasen, weil sie eine dünne Schleimschicht absondern, die ihnen beim Riechen hilft.

Das Kolibriweibchen baut das kleinste Vogelnest der Welt (ca. drei cm Durchmesser, etwa so groß wie eine Walnuss). Sie webt es aus Spinnweben, damit es sich ausdehnen kann, wenn die Küken

wachsen.

Auch in der Antarktis leben Insekten: Die Zuckmücke.

Es gibt 222 Eulenarten auf der Welt. Die meisten sind nachtaktiv, aber einige wenige sind auch tagsüber aktiv, wie zum Beispiel der Sperlingskauz.

Faultiere sind sehr gute Rückenschwimmer.

Blindenhunde verrichten ihr "Geschäft" auf Kommando - um ihren Besitzern die Arbeit zu erleichtern.

Mäuse mögen keinen Käse. Sie bevorzugen Süßigkeiten, wenn sie die Wahl haben - sie essen gerne Obst, Samen und Körner.

Raupen haben 12 Augen.

Mäuse haben ziemlich lustige Namen: Eine weibliche Maus ist eine Ricke und eine männliche Maus ist ein Bock. Mäusebabys werden wegen ihrer Farbe Pinkies und Welpen genannt.

Gorillas, Affen, Bonobos und andere Primaten bauen jede Nacht ein neues Nest, um darin zu schlafen.

Hühner fressen nicht nur Samen, sondern auch Insekten, Mäuse und Eidechsen.

Giraffen haben nicht nur lange Hälse: Sie haben auch lange Zungen. Ihre Zungen sind zwischen 40-50 Zentimeter lang.

Seeotter sind dazu in der Lage, nicht nur im Land, sondern auch im Wasser zu schlafen.

Clownfische können ihr Geschlecht in das Weibliche verändern, aber sie können es danach nicht wieder in ein männliches zurückverwandeln.

Quallen lebten bereits vor den Dinosauriern.

Der Pfotenabdruck eines Hundes ist ebenso einzigartig wie der des Menschen.

Ein Kamel kann bis zu 40 Gallonen Wasser auf einmal trinken.

Frettchen wurden früher eingesetzt, um Getreidespeicher vor Nagetieren zu schützen.

Windhunde können bis zu 45 Stundenkilometer schnell laufen

Die schnellsten aller Hunde sind Greyhounds. Sie erreichen eine Geschwindigkeit von 80 km/h. Schneller sind nur Geparde mit 100- 130km/h.

Um ein Kilogramm Honig herzustellen, muss eine Biene 290. 000 Kilometer fliegen. Dabei produziert eine Biene in ihrem Leben nur einen zwölftel Teelöffel Honig.

Das Auge des Straußes ist sogar größer als sein Gehirn.

Krähen halten Beerdigungen für ihre verstorbenen Artgenossen ab.

Die älteste registrierte Hauskatze wurde 38 Jahre alt. Sie war Creme Puff aus Austin, Texas.

Fledermäuse können bis zu 20 Stunden am Tag schlafen.

Ein Krokodil kann seine Zunge nicht herausstrecken.

Der Kiefer einer Katze kann sich nicht seitwärts bewegen.

Chinese Crested Hunde können Akne bekommen.

Die Stubenfliege summt in der mittleren Oktavlage F.

Kolibris sind die einzigen Tiere, die rückwärts fliegen können.

Ein Hai ist der einzige Fisch, der mit beiden Augen blinzeln kann.

Es gibt mehr Hühner als Menschen auf der Welt.

Eine Schnecke kann drei Jahre lang schlafen.

Katzen wurden während des Kalten Krieges von der CIA als Agenten ausgebildet.

Tiger haben gestreifte Haut, nicht nur gestreiftes Fell.

Eine Libelle hat eine Lebenserwartung von 2-8 Wochen.

Der Riesenkalmar hat die größten Augen der Welt.

Der männliche Schwammspinner kann das jungfräuliche

Schwammspinnerweibchen aus 1,8 Meilen Entfernung "riechen".

Flamingos können mit dem Kopf nur nach unten fressen.

Mücken sind für mehr Todesfälle verantwortlich als jedes andere Tier auf der Erde.

Ein Oktopus hat 3 Herzen, 9 Gehirne und blaues Blut.

Das Haar eines Eisbären ist eigentlich nicht weiß, sondern durchsichtig. Sie erscheinen weiß, weil sie das Licht reflektieren.

Wenn Mücken einen alkoholisierten Menschen stechen, werden sie selbst betrunken.

Krähen sind in der Lage, menschliche Gesichter zu erkennen und hegen sogar einen Groll gegen diejenigen, die sie nicht mögen.

Schnabeltiere haben keinen Magen.

Haie gibt es bereits länger auf der Erde als Bäume.

Stabheuschrecken haben bis zu zehn Wochen am Stück Sex.

Katzen schlafen etwa 70% ihres Lebens.

Gorillas gähnen, wenn sie glücklich sind. Gestresste Koalas bekommen Schluckauf.

Eisbären sind Linkshänder.

Die Nasennebenhöhlen des Tyrannosaurus Rex waren größer als sein Gehirn.

Marienkäfer sind zum Zeitpunkt der Geburt gelblich gefärbt.

Ameisen können nicht schlafen.

Die Zunge eines Blauwals wiegt mehr als ein Elefant.

Auch Fische können ertrinken.

Der Unterkiefer des Hirschkäfers ist stärker als der des Menschen.

Kinderlose Pinguine entführen nicht selten die Jungtiere anderer Pinguine.

Skorpione können ihren Atem unter Wasser bis zu 6 Tage lang anhalten.

Es gibt mehr als 1600 Arten von Seesternen.

Krabben können die Vibrationen im Wasser anhand von kleinen Haaren an den Beinen spüren.

Wenn ein Goldfisch im Dunkeln gehalten wird, färbt er sich weiß.

Haifische können Blut im Wasser aus vier Kilometer Entfernung wittern.

KAPITEL 2

Fakten über Lebensmittel:

Die längste Pommes frites der Welt ist 86 Zentimeter lang.

Knoblauchknollen sind reich an Vitamin C, Eisen, Kalium, Magnesium, Zink und mehr. Außerdem enthält er 17 Aminosäuren.

Auf der südatlantischen Insel Tristan da Cunha wurden Kartoffeln einst als Zahlungsmittel verwendet.

Die Erdbeere ist die einzige Frucht, die an der Außenseite Samen trägt.

Laut Tori Avey wurde Kaffee in Amerika nach der Boston Tea Party von 1773 zu einem beliebten Getränk: Der Umstieg von Tee auf

Kaffee wurde als patriotische Pflicht angesehen.

Die Doppel-Kokosnusspalme brachte den schwersten Samen der Welt hervor: 23 Kilogramm.

Speiseeis wurde früher "Sahneeis" genannt.

Der Pfundskuchen heißt so, weil die Rezepte einst ein Pfund Butter, ein Pfund Zucker, ein Pfund Eier und ein Pfund Mehl verlangten.

Erdnüsse sind keine Nüsse, sondern Hülsenfrüchte.

Karotten waren nicht immer orange: Früher waren sie ausschließlich lila.

Kirschen gehören zu den Rosengewächsen (Rosaceae), ebenso wie Quitten, Birnen, Pflaumen, Äpfel, Pfirsiche und Himbeeren.

Limabohnen haben eine erstaunliche Fähigkeit, Wespen zur Verteidigung anzulocken. Wenn Insekten die Blätter der Limabohne fressen, gibt die Pflanze eine Substanz ab, die den parasitären Wespen signalisiert, heranzuschwimmen und ihren Feind (d. h. die blattfressenden Insekten) zu vernichten.

Äpfel schwimmen, weil sie zu einem Viertel aus Luft bestehen.

Koriander und Koriander werden als gleichwertig angesehen.

Die Cashewnüsse, die wir essen, sind an einem großen
Cashew- Apfel befestigt, der in Brasilien zur Herstellung
von

Erfrischungsgetränken verwendet wird.

Erdbeeren sind KEINE Beeren, aber Bananen sind es
schon.

Eine reife Cranberry bzw. Moosbeere kann hüpfen wie
ein Gummiball.

Kopfsalat gehört zur Familie der Sonnenblu-
mengewächse.

Die schwerste Zwiebel, die jemals gezüchtet wurde,
stammt von Pete Glazebrook aus England. Sie wog 9
Kilo.

Die längste Nudel, die je hergestellt wurde, ist etwa drei
Kilometer lang.

Eine Tomate ist keine Frucht.

Muskatnuss ist bei intravenöser Injektion extrem giftig.

Im US-Bundesstaat New Jersey werden zwei Drittel der weltweiten Auberginenproduktion angebaut.

Mandeln gehören zur Familie der Pfirsichgewächse.

Honig ist das einzige Lebensmittel, das nicht verdirbt.

Buttermilch enthält keine Butter und ist sehr fettarm.

Das meiste Speiseeis enthält Schweinehaut (Gelatine).

Das Auftragen von Zucker auf eine Wunde oder Schnittwunde lindert den Schmerz erheblich und verkürzt den Heilungsprozess.

Ananas benötigen zwei Jahre Wachstum, um reif zu sein.

Rhabarber gilt in den USA als Obst, in Deutschland als Gemüse.

Himbeeren und Brombeeren sind Steinfrüchte, keine Beeren.

Karotten wurden ursprünglich als Medizin gezüchtet.

Geschichtliche Fakten

Heinrich VIII. schlug alle vier seiner "Stallknechte" zum Ritter - die Leute, die für ihn den Hintern abwischten.

Jeannette Rankin wurde vier Jahre, bevor Frauen in den USA wählen durften, in den US-Kongress gewählt.

Frauen konnten bis 1974 keinen Kredit bei einer Bank beantragen.

Vor der Erfindung der modernen Zahnprothesen wurde das Gebiss üblicherweise aus den Zähnen toter Soldaten hergestellt.

Im alten Ägypten wurden die Diener mit Honig bestrichen, damit die Fliegen auf sie statt auf den Pharao flogen.

Früher galt es als Sakrileg, eine Gabel zu benutzen.

Abe Lincoln war ein Meister im Ringen.

George Washington besaß eine Whiskey-Brennerei.

Mehr als zwei Prozent der amerikanischen Bevölkerung wurden während des Bürgerkriegs getötet.

Joseph Stalin ließ Menschen von Fotos entfernen, nachdem sie gestorben oder aus dem Amt entfernt worden waren.

Seit 1945 sind alle britischen Panzer mit den notwendigen Utensilien für die Teezubereitung ausgestattet.

Papst Gregor IV. erklärte einst den Katzen den Krieg, weil er glaubte, dass Satan schwarze Katzen benutzt. Seine Erklärung führte zur Massenausrottung von Katzen.

Der Mangel an Katzen führte zu einem Rattenbefall, der die Ausbreitung der Pest begünstigte.

John Adams war der erste Präsident, der im Weißen Haus wohnte.

Die Atomkatastrophe um Tschernobyl, die Exxon-Valdez-Ölpest und die Challenger- Explosion wurden alle auf Schlafmangel zurückgeführt.

Die Gebrüder Wright flogen nur ein einziges Mal gemeinsam (obwohl beide die Flugzeuge einzeln steuerten): am 25. Mai 1910 unternahmen sie einen sechsminütigen Flug, den Orville als Pilot und Wilbur als Passagier absolvierten.

Die Schauspielerin Hedy Lamar war zugleich die Erfinderin des WI- Fi.

Walt Disney begann bereits im Alter von vier Jahren mit dem regelmäßigen Zeichnen.

Abraham Lincoln verlor fünf verschiedene Wahlen, bevor er Präsident der USA wurde.

Pablo Picasso trat im Alter von 10 Jahren in die Kunstschule ein. Das Picasso-Museum in Barcelona, Spanien, zeigt viele "frühe Werke" aus seiner Kindheit.

Frederick Douglass brachte sich selbst das Lesen und Schreiben bei.

Vor dem Kontakt mit den Europäern sprachen die indigenen Gruppen in Kalifornien mehr als 200 verschiedene Dialekte.

Amelia Earhart sah im Alter von 10 Jahren zum ersten Mal ein Flugzeug, flog aber erst 1920, als sie 23 Jahre alt war, selbst mit.

Der Geburtsname von Frederick Douglass war Frederick Augustus Washington Bailey. Als er heiratete, wählte er den Nachnamen

Douglass nach dem Heldenclan in Sir Walter Scotts berühmtem Gedicht "Lady of the Lake".

Frida Kahlo schuf 143 Gemälde. Davon waren 55 Selbstporträts.

Babe Ruth war der erste Baseballspieler, der 1933 im Comiskey Park in Chicago beim All-Star-Spiel einen Homerun schlug.

Im Zweiten Weltkrieg mussten die britischen Soldaten mit nur drei Blatt Toilettenpapier pro Tag auskommen.

In Russland galt Bier bis 2011 als Erfrischungsgetränk und nicht als Alkohol.

Es gibt über 700 altägyptische Hieroglyphensymbole.

Ein Zahnarzt erfand den elektrischen Stuhl.

Im alten Ägypten zupften sich die Priester jedes Haar vom Körper, einschließlich der Augenbrauen und Wimpern.

Auf der Visitenkarte von Al Capone stand, dass er mit gebrauchten Möbeln handelte.

Im Mittelalter war nicht rot, sondern grün die Farbe der Liebe.

Im alten Ägypten war Bierbrauen reine Frauensache. Männern war es verboten, Bier zu brauen.

Leonardo Da Vinci war am stolzesten darauf, Eisen mit bloßen Händen verbiegen zu können.

Die Freiheitsstatue war ursprünglich kupferfarben und färbte sich infolge von Verwitterung grün.

Römische Gladiatorenspiele dauerten bis zu 100 Tage.

KAPITEL 3

Fakten über den Weltraum:

Der Mond ist tagsüber sehr heiß (durchschnittlich 224 Grad Fahrenheit) und nachts sehr kalt (durchschnittlich -243 Grad).

Die Venus dreht sich im Uhrzeigersinn. Sie ist der einzige Planet, der diese Bewegungsart hat.

Ein Teelöffel eines Neutronensterns würde sechs Milliarden Tonnen wiegen.

Sally Ride war die erste amerikanische Frau, die am 18. Juni 1983 ins All flog.

Eine Million Erden könnten in die Sonne passen.

Selbst in einem Flugzeug würde eine Reise zum Pluto etwa 800 Jahre dauern.

Ham, der Astroschimpanse, war am 31. Januar 1961 der erste Hominide im Weltraum.

Die Tage des Neptun sind 16 Stunden lang.

Für den Weg von der Sonne zur Erde benötigt das Licht acht Minuten und 19 Sekunden.

Die Fußabdrücke auf dem Mond werden 100 Millionen Jahre lang zu sehen sein.

Ein Neutronenstern kann sich in einer Sekunde 600 Mal drehen.

Jupiter ist der sich am schnellsten drehende Planet im

Sonnensystem (er braucht nur etwa 10 Stunden für eine volle Umdrehung um seine Achse).

Der Schall überträgt sich nicht im Raum.

Der Kern der Erde ist so heiß wie die Oberfläche der Sonne.

Die ersten Tiere im Weltraum waren 1947 Fruchtfliegen. Sie konnten anschließend lebend geborgen werden.

Im Jahr 2011 entdeckte die zehnjährige Kathryn Aurora Gray eine Supernova (ein Stern, der keine Energie mehr hat, explodiert und dann kollabiert, bevor er stirbt), die zuvor noch niemand gesehen hatte.

Europa, einer der Jupitermonde, hat Salzwassergeysire, die 20-mal so hoch sind wie der Mount Everest.

Die Ringe des Saturn bestehen aus Billionen von Eisbrocken, die den Planeten umkreisen.

Alpha Centauri ist kein Stern, sondern ein Sternensystem. Es ist 4,22 Lichtjahre entfernt.

Ein Tag auf der Venus entspricht fast 8 Monaten auf der Erde.

Der Große Rote Fleck auf dem Jupiter ist ein Sturm, der seit über 200 Jahren wütet.

Es gibt mehr Sterne im Universum als Sandkörner auf der Erde.

Die Oberfläche des Saturns hat eine geringere Dichte als Wasser. Das heißt, er könnte in Ihrer Badewanne schwimmen - wenn sie groß genug wäre.

Aufgrund der extremen Druck- und Wetterbedingungen regnet es auf Neptun und Uranus buchstäblich Diamanten.

Würde man die Sonne auf die Größe eines weißen Blutkörperchens verkleinern, so entspräche die Milchstraße der Größe der Vereinigten Staaten.

Die Apollo-8-Astronauten waren die ersten, die Weihnachten im Weltraum feierten.

Ohne Schutzanzug kann ein Mensch etwa zwei Minuten im Weltraum überleben.

Astronauten dürfen vor dem Flug keine Bohnen essen, da ihre

Anzüge nicht in der Lage sind, größere Mengen Gase auszulassen.

Die Sonne ist 694.340 Kilometer groß.

Fakten aus aller Welt

Die durchschnittliche Person in Schweden isst etwa 11 Kilogramm Schokolade pro Jahr.

In Montana, USA, gibt es dreimal so viele Kühe wie Menschen.

Teile der Chinesischen Mauer wurden mit Klebreis gebaut.

Neunzig Prozent der Weltbevölkerung leben oberhalb des Äquators. Finnland hat mehr Saunas als Autos.

Sechzig Prozent der Seen der Welt (insgesamt drei Millionen) befinden sich in Kanada.

Virginia ist der einzige US-Staat, der die gleiche Staatsblume und den gleichen Staatsbaum hat: den Hartriegel.

In Ägypten gilt es als äußerst unhöflich, Speisen zu salzen, die einem serviert wurden.

Piloten und ihre Kopiloten müssen vor dem Flug unterschiedliche Mahlzeiten zu sich nehmen, damit sie nicht beide eine Lebensmittelvergiftung bekommen.

Die Höhe des Eiffelturms kann je nach Temperatur um bis zu fünf Zentimeter variieren.

In der kleinen Stadt Caldari di Ortona in Italien gibt es einen Brunnen, an dem kostenlos Wein ausgeschenkt wird.

Neunzig Prozent von der Fläche Libyens sind Wüste.

Rund 600 Pariserinnen und Pariser arbeiten täglich auf dem Eiffelturm.

Auf sechs Kontinenten gibt es Städte, die Rom heißen.

In Arizona darf man ohne Genehmigung keine Abfälle an Schweine verfüttern.

Wahrsagen ist in dem US-Bundesstaat Maryland illegal.

Nacktwandern ist in der Schweiz verboten.

Der Central Park in New York ist größer als das Land Monaco.

In Georgia ist es verboten, dass Hühner die Straße überqueren.

Im Central Park gibt es über

9.000 Bänke.

In der Provinz Nuanvut in Kanada haben Nummernschilder die Form eines Eisbären.

Auf Sardinien gibt es einen Käse namens Casu Marzu, der seinen Geschmack durch lebendige Maden erhält.

Der häufigste Name in der Welt ist Mohammed.

Der längste noch gebräuchliche Ortsname ist ein Hügel in Neuseeland:

Taumatawhakatangihangaoauauotameteaturipukakapikimaungahoro nukupokaiwhenuakitanatahu.

Die griechische Nationalhymne hat 158 Strophen.

In England darf der Sprecher des Hauses nicht sprechen.

Australien hat die größte Kamelpopulation der Welt.

Auf der philippinischen Insel Luzon gibt es einen See, der eine Insel enthält, die einen See enthält, der eine weitere Insel enthält.

Das Gebiet der Hudson Bay in Kanada wies eine geringere Schwerkraft auf als alle anderen Orte der Welt.

Japan hat die meisten Verkaufsautomaten pro Kopf, nämlich 1:23.

Der Lieblings-Pizzabelag in Brasilien sind Erbsen.

In Österreich gibt es ein Dorf namens „Fucking". Dort sind sämtliche Ortsschilder aus Zement, um Diebstählen vorzubeugen.

Die Farben des Eifelturms wurden so gewählt, dass er nach oben hin heller wird. Er soll somit größer wirken.

In Tschechien wird am meisten Bier getrunken: 147 Liter pro Einwohner pro Jahr.

Hamburg hat mit 2500 Brücken mehr als Amsterdam und Venedig zusammen.

Auf schottisch gibt es 421 unterschiedliche Begriffe für das Wort

„Schnee".

In Las Vegas haben Kasinos keine Uhren.

Kanada hat die höchste pro-Kopf-Dichte an Donut-Geschäften.

KAPITEL 4

Fakten über Musik

Mary, die aus "Mary Had a Little Lamb" bekannt ist, war eine echte Person und das Lied basiert auf einer wahren Geschichte.

"Happy Birthday" war das erste Lied, das jemals auf dem Mars gespielt wurde. Mars Rover Curiosity spielte sich das Lied an seinem ersten Jahrestag auf dem Planeten selbst vor.

Das menschliche Herz kann mit dem Rhythmus von Musik synchronisieren.

US-Präsident Nixon war ein begabter Musiker. Er spielte fünf Instrumente, darunter das Akkordeon.

Keiner der Beatles konnte Noten lesen. Allerdings konnte George Harrison Berichten zufolge 26 Instrumente spielen.

Barry Manilow hat "I Write The Songs" tatsächlich nicht geschrieben.

Metallica ist die einzige Band, die auf sieben Kontinenten aufgetreten ist.

In Kaufhäuser wird langsamere Musik gespielt, um die Kunden zu beruhigen und länger im Geschäft zu halten. In Restaurants ist das Gegenteil der Fall.

Monacos Orchester ist größer als seine Armee.

Leo Fender, der Erfinder der Stratocaster und der Telecaster, konnte nicht Gitarre spielen.

Eine Eintrittskarte zu Frank Sinatras erstes Konzert kostete 35 Cent. Im Jahr 2016 verkaufte Mozart mehr Alben als Beyoncé.

"A Boy Named Sue" wurde nicht von Johnny Cash geschrieben. Shel Silverstein hat es geschrieben.

Im Jahr 2015 setzte die Polizei in Belfast Musik gespielt aus Eiswagen ein, um jugendliche Randalierer abzuschrecken.

Elvis hatte nie eine Zugabe gegeben.

Mit Death-Metal-Musik kann man Haie anlocken.

Hühner legen bei Popmusik die meisten Eier.

US-amerikanische Songs machen etwa 31 % des weltweiten Musikmarktes aus.

Mit 7 Siegen hat Irland die meisten Eurovision Song Contests gewonnen.

Sport Fakten

Gatorade wurde nach den Gators der Universität von Florida benannt.

China hat seine erste olympische Medaille erst 1984 gewonnen.

Der durchschnittliche Golfball hat 336 Grübchen.

Tennis wurde ursprünglich mit bloßen Händen gespielt.

Die Cleveland Browns sind das einzige Team, das weder an einem Super Bowl teilgenommen noch einen solchen ausgerichtet hat.

Manche Golfbälle sind mit Honig gefüllt.

Ein durchschnittliches Baseballspiel dauert zwar etwa drei Stunden, hat aber nur etwa 18 Minuten aktive Spielzeit.

MLB-Schiedsrichter müssen schwarze Unterwäsche tragen, für den Fall, dass sie sich die Hose aufreißen.

Bo Jackson lehnte die Teams ab, die ihn ursprünglich sowohl im Baseball als auch im Football verpflichten wollten.

Sowohl Volleyball als auch Basketball wurden im US-Bundesstaat Massachusetts erfunden.

Michael Jordan und die Chicago Bulls hatten einmal acht Spielzeiten lang (ab 1990) keine drei Spiele in Folge verloren.

Auch NFL-Schiedsrichter erhalten Super-Bowl-Ringe.

Präsident Hubert Hoover erfand ein Spiel namens "Hooverball", das eine Mischung aus Tennis und Volleyball war und mit einem Medizinball gespielt wurde.

Nur eine Stadt hat drei große Meisterschaften in einem Jahr gewonnen.

Bei einem typischen Profi-Baseballspiel werden mehr als 100 Baseballs verwendet.

Der Rekord im Weitsprung wird von Mike Powell gehalten: 29 ft. + 4 inches. Das ist so, als würde man über die Länge von zwei Mini- Vans springen.

Die Standardgröße eines Fußballfeldes beträgt 105 x 68 Meter.

Die meisten Medaillen im olympischen Basketball (männlich oder

weiblich) haben Frauen gewonnen: Teresa Edwards und Lisa Leslie mit jeweils vier Goldmedaillen.

Wilma Rudolph (die 1960 den Weltrekord über 100, 200 und die 4x100-Meter-Staffel aufstellte) hatte als Kind Kinderlähmung,

Scharlach und eine Lungenentzündung, so dass die Ärzte glaubten, sie würde nie wieder laufen.

Golf ist eine von nur zwei Sportarten, die jemals auf dem Mond gespielt wurden. Im Jahr 1971 schlug Alan Shepard im Rahmen der Apollo- 14-Mission auf dem Mond einen Ball mit einem Sechser-

Eisen. Die andere Sportart war ein Speerwurf während desselben Besuchs.

Bayer Leverkusen wird in spanischen Medien häufig als „Las Aspirinas" bezeichnet.

Indien lehnte die Teilnahme an der Fußball WM 1950 ab, da ihnen verboten wurde, barfuß zu spielen.

KAPITEL 5

Fakten über uns Menschen

Du kannst nicht summen, während du dir die Nase zuhältst.

Die Tomate hat mehr Gene als der Mensch.

Morgens sind wir ein bis zwei Zentimeter größer als nachts.

Ein Viertel aller Knochen befindet sich in unseren Füßen.

Der menschliche Körper enthält genug Fett, um etwa sieben Stück Seife herzustellen.

Du kannst deinen Ellbogen nicht ablecken.

Du kannst dich nicht selbst kitzeln.

Wenn wir sterben, haben wir ungefähr ein Jahr lang auf der Toilette gesessen.

Astronauten können im Weltraum bis zu fünf Zentimeter größer werden.

Einige Blutgefäße eines Blauwals sind sogar so groß, dass Menschen hindurchschwimmen können.

Wir sind die einzige bekannte Spezies, die vor Scham rot wird.

Man atmet immer nur aus einem Nasenloch.

Babys werden mit mehr Knochen geboren als Erwachsene. (Babys haben 300 Knochen, während Erwachsene nur 206 haben.)

Die meisten Neugeborenen verlieren bis zum Alter von sechs Monaten alle Haare, mit denen sie geboren wurden.

Es ist unmöglich, im Weltraum zu rülpsen.

Jeder Mensch hat seinen eigenen Geruch, außer eineiige Zwillinge. Daumen haben ihren eigenen Puls.

Der menschliche Fingerabdruck ist einzigartig und gleicht nie einem anderen – außer bei eineiigen Zwillingen.

Die Gänsehaut entwickelte sich, damit sich die Haare unserer Vorfahren aufstellten und sie so bedrohlicher auf Raubtiere wirkten.

Ein Nieser schießt mit mehr als 100 Kilometer pro Stunde durch die Luft und enthält etwa 10.000 Keime.

Die Magensäure ist stark genug, um Metall aufzulösen.

Die längste Schluckauf-Periode dauerte ganze 68 Jahre.

Die Nase kann eine Billion Gerüche wahrnehmen.

Menschliche Zähne sind so stark wie Haifischzähne. Allerdings ist die menschliche Beißkraft weitaus nicht so hoch.

Dein Blut ist so salzig wie der Ozean.

Jeder Mensch hat nicht nur einen einzigartigen Fingerabdruck, sondern auch einen einzigartigen Zungenabdruck.

Das durchschnittliche Gehirn wiegt etwa 1,5 Kilogramm. Das Gehirn eines Neugeborenen wiegt etwa 300-400 Gramm.

Deine Nase und Ohren hören nie auf zu wachsen.

Ein menschlicher Körper enthält fast 100 Billionen Zellen.

Fingernägel können 4x schneller wachsen als Zehennägel.

Wimpern leben etwa 150 Tage, bevor sie ausfallen.

Jin Songhao aus China gewann den Weltrekord für den längsten Hautkontakt mit Schnee mit 46 Minuten und 7 Sekunden.

Der Mensch ist das einzige Tier mit einem Kinn.

Der durchschnittliche menschliche Körper enthält mehr Bakterienzellen als menschliche Zellen.

Ein durchschnittlicher Mensch läuft in seinem Leben fünfmal um die Erde.

Ohne Speichel könnte der Mensch die Nahrung nicht schmecken.

Frauen blinzeln fast doppelt so oft wie Männer.

Wenn ein Mensch acht Jahre, sieben Monate und sechs Tage lang ununterbrochen schreien würde, dann wäre genug Schallenergie erzeugt worden, um eine Tasse Kaffee zu erhitzen.

Es ist unmöglich, mit offenen Augen zu niesen.

Im Durchschnitt schläft der Mensch innerhalb von sieben Minuten ein.

Der menschliche Körper enthält etwa 150.000 Kilometer an Blutgefäßen.

Ein bis zwei Prozent der gesamten Weltbevölkerung sind von Natur aus rothaarig.

Menschen und Bananen haben etwa 50 Prozent der gleichen DNA.

Ein Mensch hat weniger Chromosomen als eine Kartoffel.

Die Botschaften des menschlichen Gehirns werden mit bis zu 300 Kilometer pro Stunde durch die Nerven übertragen.

Eine menschliche Träne wiegt 15 Milligramm.

Der Nagel des Mittelfingers wächst doppelt so schnell wie der des Daumens.

Ohren und Nase wachsen ein Leben lang.

Durch tägliches Blinzeln sind die Augen des Menschen am Tag durchschnittlich 15 Minuten geschlossen.

Babys lutschen zu 95% an ihrem rechten Daumen.

Der menschliche Körper bildet jeden Tag 200 Milliarden rote Blutkörperchen.

Der stärkste Muskel des Menschen ist der Kaumuskel.

Weitere Fakten

Der Fachbegriff für die Angst vor langen Wörtern lautet "Hippopotomonstrosesquippedaliophobie".

Das Weiße Haus hat 35 Badezimmer.

Der Ausdruck "Herz aus Gold" wurde von Shakespeare erfunden.

Die Zeit bleibt mit Lichtgeschwindigkeit stehen.

In 10 Minuten setzt ein Wirbelsturm mehr Energie frei als alle Atomwaffen der Welt zusammen.

Im Durchschnitt ersticken jedes Jahr 100 Menschen an Kugelschreibern.

Im Durchschnitt haben mehr Menschen mehr Angst vor Spinnen als vor dem Tod.

35% der Menschen, die Kontaktanzeigen oder Online-Apps für die Partnersuche nutzen, sind bereits verheiratet.

Nur einer von zwei Milliarden Menschen wird 116 Jahre oder älter werden.

"Go." ist der kürzeste vollständige Satz der englischen Sprache.

Der Zigarettenanzünder wurde vor dem Streichholz erfunden.

Das einzige Haustier, das in der Bibel nicht erwähnt wird, ist die Katze.

Gummibänder halten länger, wenn sie gekühlt werden.

Erdnüsse sind eine der Zutaten von Dynamit.

In den meisten Anzeigen, auch in Zeitungen, wird die Uhrzeit auf einer Uhr mit 10:10 angegeben.

Das Wort "Schule" stammt aus dem Altgriechischen und bedeutet "Freizeit".

Der Name für Oz im "Zauberer von Oz" entstand, als der Schöpfer, Frank Baum, in seinen Aktenschrank schaute und A-N und O-Z sah, daher "Oz".

Die Mikrowelle wurde erfunden, nachdem ein Forscher an einer Radarröhre vorbeiging und ein Schokoriegel in seiner Tasche schmolz.

Rund 16 Millionen der heute lebenden Menschen sind direkte Nachfahren von Dschingis Khan.

Die meisten Lippenstifte enthalten Fischschuppen.

Durch schlampige Handschrift von Ärzten sterben jährlich mehr als

7.000 und verletzen sich mehr als 1,5 Millionen Menschen, weil sie die falschen Medikamente erhalten.

Echte Diamanten sind auf Röntgenbildern nicht zu erkennen.

In der Schwerelosigkeit ist die Flamme einer Kerze rund und blau.

Nur 8 Prozent des weltweiten Geldes existiert in physischer Form, der Rest ist virtuell.

Das Mobiltelefon trägt bis zu zehnmal mehr Bakterien als ein Toilettensitz.

Das Wort Schachmatt kommt aus dem Arabischen (šāh māt) und

bedeutet "der König ist tot".

Heißes Wasser wird schneller zu Eis als kühles Wasser.

Statistisch gesehen ist es wahrscheinlicher, dass man auf dem Weg zum Kauf eines Lottoscheins stirbt, als dass man in der Lotterie selbst gewinnt.

Manche Tornados können schneller sein als Formel-1-Rennwagen.

Jede Minute gibt es auf der Erde 2.000 Gewitter.

Wolken sehen weiß aus, weil sie das Sonnenlicht von oben reflektieren.

Regen enthält Vitamin B12.

Ein Blitz ist fünfmal heißer als die Sonne.

PayPal wurde 1999 zu einer der zehn schlechtesten Geschäftsideen gewählt.

Es werden jedes Jahr mehr Monopoly-Noten als Banknoten in US- Dollar gedruckt.

Lesen verringert das Stresslevel stärker als Musik zu hören.

Ein deutscher verbraucht durchschnittlich 15 Kilogramm Toilettenpapier pro Jahr.

Die am häufigsten genutzte Route für Privatflugzeuge ist von Moskau nach Nizza.

Keine andere Marke wird so oft gefälscht wie Nike.

Die durchschnittliche Wartezeit an einer Supermarktschlange in Deutschland liegt bei sieben Minuten.

Die erste Kamera der Welt brauchte acht Stunden, um ein Bild zu schießen.

Das erste Firmenlogo von Apple war noch kein angebissener Apfel, sondern Isaac Newton, der unter einem Apfelbaum saß.

Das häufigste Passwort der Welt ist „123456"

Die CIA hatte im letzten Jahrhundert versucht, Hunde und Katzen während des Kalten Krieges als Agenten auszubilden.

Um das Wort „Stewardess" zu tippen wird lediglich die linke Hand gebraucht.

Kein Deutsches Wort hat mehr als fünf Vokale hintereinander.

Cola wurde von einem Apotheker erfunden.

Ein Quantensprung ist in der Physik die kleinstmögliche Bewegung eines Elektrons innerhalb eines Atoms.

Der Vorname von Meister Yoda ist „Minch".

Vier Prozent aller Menschen träumen nur schwarz-weiß.

Die Hauptcharaktere aus der Kinderserie „Spongebob

Schwammkopf" basieren auf den sieben biblischen Tod-sünden.

KAPITEL 6

Hier wird es tierisch menschlich!

1Die Titanoboa war die größte Schlange, die je gelebt hat. In den tropischen Regenwäldern Kolumbiens trieb das 14 Meter lange und über 1,2 Tonnen schwere Tier vor 60 Millionen Jahren sein Unwesen.

2. Eine Kreuzung aus Zebra und Pferd bezeichnet man als „Zorse".

3. Unter den 100 bisher ältesten Menschen aller Zeiten sind lediglich sechs davon Männlich.

4. Jährlich sterben mehr Menschen durch Kühe als durch Haie.

5. Weibliche Kängurus haben drei Vaginas.

6. Die Huntsman-Spinne (Heteropoda maxima) ist die größte Spinnenart der Welt. Ausgewachsene Männchen besitzen normalerweise eine Spannweite von 25 bis 30 Zentimetern. In

Australien wurde 2017 so-gar ein Exemplar mit einer Größe von schätzungsweise 40 Zentimetern entdeckt.

1. Fast jeder fünfte Deutsche nimmt regelmäßig einen Laptop mit auf die Toilette.

2. Die durchschnittliche Frau verbraucht in 5 Jahren ca. 1,7 Meter Lippenstift.

3. Studien zufolge hat ein Auslassen des Frühstücks keine

Auswirkungen auf die Gesundheit, Leistungsfähigkeit oder das Gewicht eines Menschen. Dass das Frühstück die wichtigste Mahlzeit des Tages ist, stimmt also nicht.

1. Der Grönlandhai erreicht seine Geschlechtsreife erst im Alter von 150 Jahren. Mit einer Lebenserwartung von schätzungsweise bis zu 500 Jahren ist er auch das langlebigste Wirbeltier auf dem

Planeten.

2. 30% aller Menschen, die im IT-Bereich arbeiten, halten ihre

Arbeit vor Familie und Bekannten geheim, um nicht ständig wegen technischen Problemen nach Hilfe gefragt zu werden.

1. 2012 wurde in New York City eine neue Ameisenart entdeckt. Wissenschaftler tauften die Ameisenart die „ManhattAnt".

2. Wusstest du eigentlich schon, dass Eulen keine Augäpfel haben?

3. Alle Menschen beginnen ihr Leben als Frau. Das Y-Chromosom des Mannes wird erst nach der fünften Schwangerschaftswoche aktiv.

4. Menschen mit blauen Augen haben ebenso eine höhere Toleranzschwelle für Alkohol und werden somit erst bei größeren Mengen betrunken.

5. Die Ausscheidungen des Wombats haben die Form eines

Würfels. Bisher konnte nicht geklärt werden, welchen evolutionären Vorteil derart geformte Ausscheidungen haben. Man nimmt aber an, dass die Tiere damit ihr Revier besser markieren können.

1. Der Vogel Strauß kann einen Marathon in weniger als 60 Minuten laufen.

2. Eine rote Haarfarbe und blaue Augen ist die seltenste

Kombination von Haar- und Augenfarbe. Lediglich 1 Prozent der Weltbevölkerung weist diese Merkmale auf.

1. Kühe haben keinen Schließmuskel und würden deshalb mit Wasser volllaufen und untergehen, wenn sie schwimmen.

2. In Russland gibt es ungefähr elf Millionen mehr Frauen als Männer.

3. Das Gebrüll eines Tigers kann man bis zu zwei Meilen weit hören.

4. Unabhängig von der Größe benötigen alle Säugetiere im Durchschnitt ca. 21 Sekunden, um ihre Blase zu entleeren.

Wissenschaftler sprechen hierbei auch vom „Gesetz des Urinierens".

1. Hält man ein Sandkorn in den Nachthimmel, verdeckt es damit ca. 10.000 Galaxien vor dem menschlichen Auge.

2. Es gibt insgesamt nur 2 Menschen, die das Rezept von Coca Cola kennen und denen ist es verboten zusammen zu reisen.

3. Haie gibt es bereits länger auf der Erde als Bäume.

4. Qizai ist der Name des einzigen braunen Pand-abären auf der Welt. Seine braune Fellfarbe ist auf eine genetische Mutation zurückzuführen.

5. Australien ist die Heimat von 21 der 25 gefährlichsten Schlangen der Welt.

6. Erste Artgenossen des Schimpansen benutzen mittlerweile Steine als Werkzeuge, um z.B . Früchte zu öffnen. Somit hat für Schimpansen offiziell die Steinzeit begonnen.

7. Mit einem Durchmesser von bis zu zwei Metern

und einer Länge von bis zu 37 Metern ist die Gelbe Haarqualle die größte Qualle der Welt. Sie ist sogar länger als ein Blauwal.

8. Täglich werden 12 Neugeborene falschen Eltern gegeben.

9. Pro Jahr sterben mehr Menschen an Sektkorken als durch den Biss einer giftigen Spinne.

10. Die längste Gefängnisstrafe, die ein Mensch je erhielt, betrug 384.912 Jahre. Die Strafe erhielt ein 22-jähriger Postbote, der über

42.000 Briefe nicht zugestellt hatte.

32. Die gesamte menschliche Bevölkerung könnte auf Neuseeland untergebracht werden und die Bevölkerungsdichte wäre immer noch geringer als die auf Manhattan in New York.

1. Katzen können keinen Zucker schmecken.

2. Bei einer Trauung stehen Frauen in der Regel links vom

Bräutigam. Das hat einen historischen Hintergrund, da somit die Schwerthand des Mannes frei war, um die Frau vor Angreifern zu schützen.

1. Im 20. Jahrhundert lebten in Australien noch Magenbrüterfrösche. Die Kaulquappen wuchsen im Magen der Mutter heran und kletterten aus ihrem Maul, sobald sie groß genug waren.

2. Das Herz liegt bei Schrimps im Kopf.

3. Bereits bei 57 Menschen in einem Raum besteht eine 99%-ige Wahrscheinlichkeit, dass mindestens zwei Personen den gleichen Geburtstag haben.

4. Menschen, die sich einreden, gut geschlafen zu haben, auch wenn es nicht stimmt, zeigen ein ähnliches geistiges Niveau, wie

Menschen, die tatsächlich gut geschlafen haben. Man spricht hierbei vom „Placebo-Schlaf".

1. Das Neugeborene eines Blauwals ist bei seiner Geburt bereits acht Meter lang und wiegt mehr als acht Tonnen. Im ersten Jahr legt der Säugling täglich ca. 80 Kilogramm an Gewicht zu bzw. 3,3

Kilogramm pro Stunde.

1. Ein Reiskorn hat mehr Gene als der Mensch.

2. Pandas können eine Schwangerschaft vortäuschen, um somit mehr Essen von ihren Pflegern zu erhalten.

3. Das Kopfhaar von Asiaten wächst ca. 20% schneller als das Kopfhaar von Europäern, während Afrikaner ein etwa 20%

langsameres Wachstum des Kopfhaars aufweisen.

1. Anders als andere Raubkatzen ist der Schneeleopard nicht aggressiv gegenüber dem Menschen. Bis heute gibt es keine bekannte Attacke eines Schneeleoparden auf Menschen.

2. Es gibt eine Frau deren Name tatsächlich Marihuana Pepsi Jackson ist

3. Collecchio, eine Stadt in Italien, verabschiedete 2015 ein Gesetz, das nur noch den Gebrauch von geräuschlosem Feuerwerk gestattet. Man will damit versuchen, den Stress für Tiere und Kinder zu reduzieren. Mittlerweile sind schon

viele weitere Städte in Europa dem Vorbild gefolgt.

4. Zwei Drittel der Menschen auf unserer Welt haben noch nie in ihrem Leben Schnee gesehen.

5. Der Mensch ist das einzige Säugetier, das nicht gleichzeitig Atmen und Schlucken kann. Wir verlieren die Fähigkeit mit ca. 9 Monaten, wenn wir beginnen zu sprechen.

6. Eine Krake hat 3 Herzen.

7. Das Anker-Motiv als Tattoo hatte ursprünglich die Bedeutung zu signalisieren, dass der Träger bereits den Atlantik überquert hatte.

8. Es gibt auf der Erde etwa genauso viele Hühner wie Menschen.

9. 1957 musste eine Großmutter aus einem Baseball-Stadion gebracht werden, weil sie ein Ball direkt im Gesicht traf. Als der Sanitäter sie abtransportierte, traf sie ein weiterer Ball.

10. 2014 wurde eine Frau aus ihrem brennenden Haus gerettet. Als sie bemerkte, dass sie ihr

Handy im Haus vergessen hatte, lief sie zurück ins Haus und starb dabei.

11. Störche koten sich im Sommer zur Abkühlung gegenseitig auf die Füße.

12. Pinguine können 2 Meter hochspringen.

13. Es benötigt 40 Minuten, um ein Straußenei hart zu kochen.

14. Weil Emus und Kängurus nicht rückwärts laufen können, sind sie die offiziellen Wappentiere von Australien.

15. Männliche indische Nashörner können Urin bis zu fünf Meter weit versprühen. Sie tun dies, um Dominanz zu zeigen und ihr Territorium zu markieren.

16. Ziegen haben quadratische Pupillen.

17. Es gibt eine Pilzart, die auf Ameisen wächst und deren Verhalten kontrolliert. Die Ameise hat dann keine Kontrolle mehr über ihren eigenen Körper.

18. Koalas, Affen und Menschen sind die einzigen Lebewesen mit einem individuellen Fingerabdruck.

19. Bei gekochten Pinguin-Eiern bleibt das Eiklar nach dem Kochen weiterhin transparent.

20. Neugeborene Hunde wachsen in den ersten vier bis fünf Monaten auf die Hälfte ihres finalen Körpergewichts an.

21. Etwa alle acht Tage klettern Faultiere auf den Boden herab, um ihr großes Geschäft zu machen.

22. Die Haare über den Augen von Katzen nennt man Tasthaare.

23. 2016 gelang es in einem Experiment, dass ein Affe nur mithilfe seiner Gedanken einen Rollstuhl bewegen konnte, auf dem er festgeschnallt war.

24. Ein männlicher Löwe benötigt sieben Kilogramm Fleisch pro Tag, während ein weiblicher Löwe nur fünf Kilogramm pro Tag fressen muss.

25. Spitzhörnchen sind die Alkoholiker des Tierreichs. Sie ernähren sich von Palmensaft, der vier

Prozent Alkohol enthält.

26. Es gibt etwa 300 Spinnenarten, die das Verhalten, Aussehen oder sogar Duftstoffe von Ameisen nachahmen können. Wenige davon täuschen ihre Beute auf diese Weise, um sie dann hinterrücks zu attackieren.

27. Im Amazonas leben pinke Delfine.

28. Männliche Kängurus spannen ihren Bizeps an, um weiblichen Artgenossen zu imponieren.

29. Der Kopf eines Babys macht etwa ein Viertel seiner Gesamtlänge aus, während es bei Erwachsenen nur rund ein Siebtel ist.

30. Eine 20 Sekunden dauernde Umarmung erhöht den Oxytocin- Spiegel eines Menschen so sehr, dass danach zwischen den

Umarmenden ein deutlich höheres Vertrauen besteht.

1. Im Durchschnitt benötigt ein Baby beziehungsweise Kleinkind rund 6.000 Windeln bis es trocken ist.

2. Blinde Menschen haben vier Mal häufiger Alb-

träume als sehende Menschen.

3. Während die Sterberate bei Krebserkrankungen vor zehn Jahren noch 215 Tote auf 100.000 Menschen betrug, liegt sie mittlerweile bei 172 Toten.

4. Der längste je an einer Frau gemessene Bart hatte eine Länge von 25,5 Zentimetern.

5. Gehörlose können nicht seekrank werden.

6. Kinder stellen pro Tag etwa 400 Fragen.

7. Eine Studie belegt, dass Menschen bereits zwei Jahre nach dem Schulabschluss nur noch circa zehn Prozent des Gelernten wissen.

8. Eine Studie hat gezeigt, dass Menschen mit viel

Körperbehaarung im Durchschnitt einen höheren IQ besitzen als Menschen mit wenig Körperbehaarung.

Spannende Fakten aus aller Welt

1. Europa ist der einzige Kontinent ohne eine einzige Wüste.

2. Könnte man mit dem Auto und 130 km/h direkt zum Mond fahren, würde man dafür 4 Monate

benötigen.

3. In der Türkei gibt es eine Stadt, die „Batman" heißt.

4. Australien ist die Heimat von 21 der 25 gefährlichsten Schlangen der Welt.

5. Die 15 größten Seeschiffe der Welt stoßen jährlich mehr schädliche Schwefeloxide aus als 760 Millionen Autos.

6. Die höchste Temperatur, die Plancktemperatur, liegt bei etwa 142 Quintillion Kelvin.

7. In Kirgistan, kurz vor der Grenze zu China, befindet sich eines der östlichsten immer noch deutschsprachigen Dörfer. Es heißt Rot- Front oder Bergtal.

8. Das ursprüngliche 50-Cent-Stück in Australien enthielt 80% Silber und war aufgrund steigender Silberpreise 2 Dollar wert.

9. Es gibt nur fünf Menschen weltweit, die die Motoren des Nissan GT-R bauen dürfen. Man nennt sie auch „Takumi". Sie sind der Grund, warum

lediglich 1.000 Autos dieser Marke pro Monat produziert werden können.

10. Bhutan ist das einzige Land der Welt, das eine negative CO2- Bilanz aufweist. Die Verfassung des Landes gibt vor, dass mindestens 60 Prozent der Landmasse mit Wald bedeckt sein müssen.

11. Der „Dingozaun" ist ein Zaun in Australien, der Schafe im

Südosten des Kontinents vor Raubtieren schützen soll. Er hat eine Gesamtlänge von 5.412 Kilometer.

1. Der Erdölkonzern Shell begann als kleiner Laden in London mit dem Verkauf von Muscheln.

2. In den letzten 3.000 Jahren gab es nur 268 Jahre in denen kein Krieg auf der Welt herrschte.

3. In Dänemark ist es Tradition, dass man von Freunden und Familie zum 25. Geburtstag mit Zimt überschüttet wird, wenn man bis dahin noch nicht verheiratet ist.

4. Im Pazifik existiert ein Stamm, der den Ehemann der Queen, Prinz Philipp, als Gottheit verehrt.

5. Sydharb ist eine australische Maßeinheit für Wassermengen. 1 Sydharb entspricht der Wassermenge des Hafenbeckens von Sydney.

6. Australiens Nationalelf hält den Rekord für den höchsten Sieg in einem Länderspiel. 2001 schlugen die "Socceroos" Amerikanisch- Samoa in der WM-Qualifikation mit 31:0.

7. Die NASA besitzt zwei identische Satelliten, die die Erde umkreisen und immer wieder den Abstand zueinander messen, um Abweichungen der Gravitation zu entdecken. Ihr Spitzname ist „Tom" und „Jerry", da immer ein Satellit den anderen „jagt".

8. In Schweden geschehen die wenigsten Morde.

9. Die Explosion einer heutigen Atombombe in London würde eine so große Druckwelle erzeugen, dass sogar Glasscheiben in Berlin zerbrechen würden.

10. Frankreich produzierte 2012 stolze 4,5 Milliarden Liter Wein.

11. 1923 belegte ein toter Reiter den ersten Platz bei

einem

Pferderennen in New York. Der Reiter erlitt während des Rennens einen Herzinfarkt und das Pferd trug den toten Körper bis ins Ziel.

1. Die Firma Carglass heißt in England Autoglass.

2. Im Jahr 2007 mussten thailandische Polizisten, die sich kleinere Ordnungsvergehen (wie etwa Zuspätkommen und andere) zuschulden kommen ließen, jeweils einige Tage lang eine rosa

Hello-Kitty-Armbinde tragen, was den Charakter einer Disziplinarmaßnahme besaß.

1. Um sich auf das heiße Klima bei der WM 1950 in Brasilien vorzubereiten, ließ der englische Verband seine Nationalspieler in

einer ehemaligen Flugzeughalle trainieren, die mit Heißluft gefüllt wurde. Zusätzlich mussten die Spieler dicke Sweatshirts tragen.

1. Im Indiana Staatsgefängnis dürfen die Insassen Katzen halten.

2. In den USA ist es gesetzlich vorgeschrieben,

dass Eier vor dem Verkauf gewaschen werden müssen.

3. Der Spring Temple Buddha ist nach der reinen Figurenhöhe als auch nach der Gesamthöhe derzeit die höchste Statue der Welt.

4. Das Fußballspiel Deutschland gegen Brasilien erzielte die höchste jemals gemessene Einschaltquote im deutschen Fernsehen. Im Schnitt schauten 32,57 Millionen das sensationelle 7:1.

5. 2009 wurden in Australien mehrere Scharfschützen beauftragt eine Kolonie von Pinguinen gegen mögliche Feinde zu schützen, um somit das Überleben der seltenen Tierart garantieren zu können.

6. Das größte Kino der Welt ist das Kinepolis in Madrid mit insgesamt 25 verschiedenen Sälen und 9.200 Sitzplätzen.

7. Es gibt auf der Erde dreimal mehr Hühner als Menschen.

8. Da der Verkehr in Bangkok mittlerweile so schlecht geworden ist, hat die Stadt mit der

Ausbildung spezieller mobiler Geburtshelfer begonnen, die Frauen bei der Geburt unterstützen sollen, wenn diese es nicht mehr rechtzeitig ins Krankenhaus schaffen.

9. In Japan ist es üblich, während des Jobs zu schlafen. Da dies ein Zeichen harter Arbeit ist, stellen sich manche Leute schlafend, um einen guten Eindruck zu machen.

10. Der Uranus ist 63 Mal so groß wie die Erde.

11. Über 8.000 Menschen in Amerika werden jährlich durch Musikinstrumente verletzt.

12. Die Golden Gate Bridge besteht aus so vielen Drahtseilen, dass man damit dreimal die Erde umrunden könnte, wenn man sie aneinanderlegen würde.

13. Der Vatikan besitzt eine Fußballauswahl und eine eigene Liga. Da das Land jedoch über keinen Fußballplatz aus Naturrasen verfügt, der den FIFA-Normen entspricht, ist der Vatikan kein Mitglied der FIFA.

14. Auf Island, Grönland und in der Antarktis gibt es

keine Ameisen.

15. Mittlerweile ist die Erde von so viel Weltraumschrott umgeben, dass es in naher Zukunft sogar gefährlich werden könnte, die Erde in einem Raumschiff zu verlassen.

16. Somalia hat mehr Ziegen als Einwohner.

17. Nur bei der WM 1930 nahmen mehr südamerikanische Mannschaften als bei der aktuellen Weltmeisterschaft teil.

18. In Norwegen muss man im Dezember nur halb so viel Steuern zahlen, sodass man mehr Geld für Weihnachten hat.

19. Im Pazifik schwimmt eine Müllinsel, die dreimal so groß ist wie Frankreich und aus etwa 80.000 Tonnen Plastik besteht.

20. In der Karibik gibt es Austern, die Bäume hochklettern können.

21. In Uganda ist die Hälfte der Bevölkerung unter 15 Jahre alt.

22. In Äthiopien feiert man Silvester am 11. September, der Kalender hat 13 Monate und die Jahreszählung läuft der unseren 7 Jahre hinterher.

23. 2011 ließen Wissenschaftler 100 Papierflieger über Deutschland in 37 km Höhe los. Einige davon wurden in Kanada, den USA,

Australien und Südamerika gefunden.

1. Kalifornien hat 6 Führerscheine ausgestellt mit den Namen Jesus Christus.

2. Die 1963 ins All geschickte Valentina Tereshkova war die erste Frau, die im Weltraum war. Bis heute ist sie auch weiterhin die einzige Frau, die ganz allein auf einer Weltraummission war. Sie war insgesamt 3 Tage allein im All und umkreiste die Erde insgesamt 48 Mal.

3. Astronauten der ISS sehen täglich 15 Sonnenaufgänge und 15 Sonnenuntergänge.

4. Der Ort mit der geringsten Erdanziehungskraft überhaupt, liegt in Kanada.

5. Die durchschnittliche Miete für eine Ein-Zimmer-Wohnung in Manhatten ist 3.400 US-Dollar.

6. Die Titanic war das erste Schiff, dass das SOS-Signal verwendet hat.

7. 1970 wurde weltweit nur 6. Mrd. Dollar für Fast Food ausgegeben. Mittlerweile sind es jährlich 200 Mrd. Dollar.

8. Die größte Ameisenkolonie der Welt wurde 2002 entdeckt und umfasst mehrere Milliarden Tiere.

9. Als Kreuzsee wird ein Phänomen bezeichnet, bei dem Wellen aus unterschiedlichen Richtungen aufeinandertreffen und dabei ein rechteckiges Wellenmuster erzeugen.

10. Am 18. Februar 1979 schneite es in der Wüste von Sahara für 30 Minuten.

11. Los Angeles ganzer Name lautet "El Pueblo de Nuestra Senora la Reina de los Angeles de Porciuncula".

12. In England wurde in den 1880er "Hose" als böses Wort bezeichnet.

13. In Iowa näht eine 99 jährige Oma täglich ein individuelles Kleid, um es Kindern in Afrika zu schenken.

14. Collecchio, eine Stadt in Italien, verabschiedete 2015 ein Gesetz, das nur noch den Gebrauch von geräuschlosem Feuerwerk gestattet. Man will damit versuchen, den Stress für Tiere und Kinder zu reduzieren.

15. In Texas, USA gibt es den einzigen Ort auf der Welt mit dem Namen „Earth".

16. Im Iran sind 70% aller naturwissenschaftlichen Studenten weiblich.

17. Weltklasseschwimmer machen 80 Kraulzüge pro Minute auf

langen Distanzen. Mit jedem Zug legen sie dabei 1,15 bis 1,25 Meter zurück.

1. Australien hat über 10.000 Strände. Du kannst seit über 27 Jahren jeden Tag einen neuen Strand besuchen!

2. Mehr als eine Million Erden würden in die Sonne

passen.

3. In NRW und Brandenburg regelt das Landesimmissionsschutzgesetz, was beim Grillen erlaubt ist und was nicht.

4. Von bis zu 35.000 Orchideenarten kommen allein 25.000 im Wolken- und Nebelwald von Venezuela vor.

5. Lösegeldzahlungen an Entführer sind in Deutschland steuerlich absetzbar.

6. Auf dem weit entfernten Planeten HD 189733b regnet es geschmolzenes Glas bei Windgeschwindigkeiten von 7.000 Kilometern pro Stunde.

7. In Neuseeland gibt es einen Badesee, der aufgrund geothermaler Vorgänge im Durchschnitt eine Temperatur von 64 Grad Celsius aufweist.

8. Kalifornien ist der einzige US-Bundesstaat, in dem sowohl die Sommer- als auch die Winterolympiade stattgefunden hat.

9. „Sobrino de Botín" heißt ein Restaurant in

Madrid, das 1725 gegründet wurde. Es ist das älteste Restaurant der Welt im

Dauerbetrieb.

1. Coca-Cola ist das am weitesten verbreitete Produkt auf dem

Planeten. Es gibt nur zwei Länder auf der Welt, in denen Coca-Cola nicht gekauft oder verkauft werden kann. In Kuba und Nordkorea.

1. Die älteste noch bestehende Bar in Irland wurde nachweislich 900 Jahre vor Christus eröffnet.

2. Aufgrund seiner geringen Größe hat Merkur zu wenig Masse und Anziehungskraft, um eine stabile Atmosphäre aufzubauen.

Sonnenwinde können angezogene Gase deshalb leicht wegblasen.

1. Mit 18 gesetzlichen Feiertagen hat Kolumbien die vierthöchste Anzahl an Feiertagen in der Welt. Nur die Menschen in

Kambodscha, Sri Lanka und Indien haben öfter frei.

1. Algerien ist nicht nur das größte Land in Afrika, sondern auch eines der zehn größten Länder der Welt.

2. Die Ländervorwahl von Russland lautet 007.

3. Inmitten der Sala Silbermine in Schweden gibt es ein

Hotelzimmer, das sich 155 Meter unter der Erde befindet, was den Ort zum tiefsten Hotel der Welt macht.

1. Jedes Jahr werden in den USA ungefähr 40.000 Menschen von Katzen gebissen.

2. Radio Finnland sendet Nachrichten auf Latein.

3. An Wahltagen darf in Norwegen kein Alkohol verkauft werden.

4. Sonnenuntergänge auf dem Mars erscheinen in einem Blauton.

5. 2018 nahm Las Vegas über 7,2 Milliarden Dollar durch Glücksspiel ein.

6. Die kolumbianische Sierra Nevada de Santa Marta ist das höchste Küstengebirge der Welt.

7. Im brasilianischen Gefängnis von Santa Rita do Sapucaí können die Insassen auf stationären Fahrrädern fahren, um hierdurch Strom für die Bewohner der Stadt zu erzeugen. Für 24 Stunden Radfahren verkürzt sich ihre Haftdauer immer um einen Tag.

8. Maria und José sind die gebräuchlichsten Namen in Brasilien.

9. Der Atlantische Ozean ist salziger als der Pazifische Ozean.

10. Kanada verfügt über zehn Prozent der weltweit Waldfläche.

11. Die Weihenstephaner Brauerei in Deutschland ist die älteste Bierbrauerei der Welt. Sie ist seit 1040 ununterbrochen in Betrieb.

12. Bei der Polizei von Saudi-Arabien gibt es eine spezielle Hexen- Einheit, bei der Mitmenschen Fälle von Magie melden können. Auch Wahrsagerei wird dazu gezählt.

13. Nombre de Dios in Panama ist die älteste kontinuierlich bewohnte europäische Siedlung auf

dem amerikanischen Kontinent.

14. In Frankreich gibt es ein Dorf mit dem Namen „Pussy".

15. Neben der Erde ist der Mars der einzige andere Planet, der polare Eiskappen besitzt.

16. Die höchste jemals in der Antarktis gemessene Temperatur betrug 17,5 Grad Celsius.

17. Uruguay ist das einzige Land Südamerikas, das vollständig außerhalb der Tropen liegt.

18. Der Mars hat etwa ein Zehntel der Masse der Erde.

19. Aus dem Weltall lässt sich aufgrund der Farbe der

Straßenbeleuchtung immer noch der Unterschied zwischen Ost- und West-Berlin erkennen.

1. Drei Männer aus dem Jemen klagen die NASA wegen der

„Besiedlung" des Mars an. Nach Aussagen der Männer wurde ihnen der Mars von ihren Vorfahren vor über 3.000 Jahren geschenkt.

1. In Alaska gibt es eine Sandwüste mit bis zu 50 Meter hohen Dünen.

2. Bisher gab es bereits etwa 106 Milliarden Menschen auf der Welt.

3. Der Mensch hat bereits über 200 Tonnen Müll auf dem Mond hinterlassen. Darunter 70 Raumschiffe, Rucksäcke, 96 Beutel mit Urin und Erbrochenem sowie alte Stiefel.

4. Tod durch Überarbeitung und Arbeitsstress sind in Japan eine so häufige Todesursache, dass Japaner sogar ein eigenes Wort dafür besitzen: Karōshi.

5. Obwohl die Handlung der Bücher von „Fifty Shades of Grey" in Seattle stattfindet, wurde der Film stattdessen in Vancouver gedreht.

6. Der Erfinder des Gins stammt aus Hanau bei Frankfurt. Vor über 400 Jahren stellte er das Gebräu als Heilmittel her.

7. Das britische Pfund ist die älteste noch verwendete Währung der Welt. Es ist mehr als 1.200 Jahre alt.

Milton Keynes UK
Ingram Content Group UK Ltd.
UKHW020822191223
434651UK00014B/705